Ostwärts

Eine Reise durch Osteuropa
in Text und Bild

von
Celestine Hassenfratz

Bibliografische Information der Deutschen Nationalbibliothek:
Die Deutsche Nationalbibliothek verzeichnet diese Publikation
in der Deutschen Nationalbibliografie; detaillierte bibliografische
Daten sind im Internet über dnb.dnb.de abrufbar.

© 2016 Celestine Hassenfratz
Herstellung und Verlag:
BoD – Books on Demand, Norderstedt

ISBN: 978-3-7412-9191-3

Vorwort

67 Tage Osteuropa. Zweieinhalb Monate immer weiter ostwärts. Auf der Suche nach Menschen und Momenten aus dem wilden Osten habe ich mich aufgemacht. In Polen, der Slowakei, Ungarn und Rumänien will ich sie suchen, die Geschichten des Ostens. Auf dieser Reise bin ich nicht nur als Journalistin und Fotografin unterwegs, sondern selbst Teil der Geschichte. Dabei soll mir die Art des Reisens helfen. Ohne festgelegte Route lasse ich mich per Anhalter, Zufall und Couchsurfing immer weiter östlich treiben.

Ich will wissen: Wie verändert sich die Landschaft? Wie die Menschen, ihre Sprache und Kultur? Wie leben sie, was bewegt ihren Alltag?

Zweieinhalb Monate habe ich auf fremden Couchen, in Wäldern, Küchen und Wohnzimmern übernachtet. Begleitet von meiner Kamera und meinem Notizblock. Zurückgekommen bin ich mit zehn Geschichten. Mit authentischem Material, in Text und Bild. Dieses Buch erzählt von den Begegnungen meiner Reise.

Am Ende der Ostwärts-Reise steht meine Dankbarkeit den Menschen gegenüber, die ihre Türen und Leben für mich geöffnet haben. Und die Erkenntnis, dass nicht immer ein Ziel die Richtung bestimmen muss, sondern Neugier ein guter Kompass ist.

"Quien no se arriesga, no cruza el río"

"Wer nichts wagt, durchquert den Fluss nicht"
- chilenisches Sprichwort.

Sündenfall

Steif stehen sie da in ihren braunen Mäntelchen. Im blau schimmernden Kleid, manche purpurn, andere giftrot, strahlen Schönheit und den vergänglichen Charme des Herbstes aus. Genießbar sind sie sicher nicht. Im Spätjahr sind die Wälder hier in Polen voll von Pilzen. Besonders viele finde ich außerhalb der Städte, wie hier in den Birkenwäldchen um Wola Krakowiańska herum und auf den Wiesen des Dorfes.

Wola Krakowiańska ist knapp 30 Minuten von Warschau entfernt. Den Mittelpunkt des Dorfes bildet ein großer Park, in langen Reihen schmiegen sich herrschaftliche Tannen groß und dunkel aneinander, lassen ihre Zweige übereinander fallen wie zum Spalier. Am Eingang des Parks liegen Friedhof und Dorfkirche. Es ist ein lauer Herbstsamstagnachmittag und der Gottesdienst von Wola Krakowiańska findet heute draußen statt. Es scheint, als habe sich das ganze Dorf versammelt. Unter freiem Himmel ist ein Altar aufgebaut, davor sitzen die Bürger in beigen Strickjacken wie uniformiert auf einfachen Klappstühlen und warten beharrlich, die Hände brav im Schoß gefaltet, auf die Zeremonie.

Über einen fest installierten hohen Lautsprecher wird der Choralgesang eines Mannes übertragen. Die Gottesdienste scheinen hier öfters im Freien stattzufinden. Unverkennbar die klare Stimme eines stimmlich Geschulten, vielleicht des Priesters. Die Bürger erheben sich geordnet von ihren Stühlen, zupfen Hüte und Strickjacken zurecht und beginnen durch den Park zu prozessieren. Schweigsam, die Mienen in Falten. Das Geschehen hat etwas Mystisches. Es riecht nach Tannenzapfen und Weihrauch.

Inmitten der Prozession, klar einsehbar von allen Seiten, ist ein Beichtstuhl aufgebaut. Majestätisch, fast bedrohlich hebt sich das dunkle Holz von der grünen Wiese ab, als warte es darauf Kronzeuge öffentlicher Abbitte zu werden. Eine junge Frau kniet auf dem Trittbrett, ironischerweise hinter einer Trennwand, auch wenn der Stuhl sonst nach allen Seiten offen ist. Die Haare hat sie adrett zum Zopf gebunden. Auf der anderen Seite des Stuhls lehnt ein alter Priester im schwarzen Talar und leiht der Frau sein Ohr. Das ganze Dorf prozessiert an ihr vorbei, in Reihe wie in einem Theaterstück, auf Instruktionen wartend, die Augen auf die Beichtende gerichtet. Es riecht muffig und schwer, nach Scham und Tradition. Vor dem Beichtstuhl bildet sich eine lange Schlange. Artig scheren die Schäfchen aus der Herde aus um ihre Glaubensüberzeugung vor den Augen aller zu bekunden. Im Rhythmus des Choralgesangs knien die Frommen auf und nieder. Über ihnen wacht das Gewissen in Form des Kreuzes, hinter ihnen mit strengen Augen der Nachbar.

Ob das Zusammenleben in dieser Gemeinschaft durch die enge sozial-religiöse Kontrolle einfacher, gar moralischer ist als an anderen Orten der Welt? Bei meiner Reise durch Polen stelle ich fest, dass Wola Krakowiańska keine Ausnahme ist, sondern die Kirchen hier an Sams- und Sonntagen stets zum Bersten voll und selbst an Wochentagen gut besucht sind. Das Papstland, sein Konterfei unübersehbar in vielerlei Form im Land zu finden, hält an der Religion fest. Eine Umfrage der katholischen Kirche vor wenigen Jahren ergab, dass 91 Prozent der Polen an Gott, 72 an den Himmel und ganze 41 Prozent sogar an die Existenz der Hölle glauben. Es verwundert also kaum, dass auch diese Prozession heute samt öffentlicher Abbitte so gut besucht ist.

Über Wola Krakowiańska beginnt sich der Himmel blutrot zu färben. Die Herbstsonne versinkt langsam zwischen den Birkewäldchen, fast so, als hätte sie genug gesehen vom Prozessieren und Knien.

Auch ich mache mich auf den Weg. Am Weihwasser versprühenden Priester vorbei, zurück in das Birkenwäldchen aus dem ich gekommen bin. Gehe, fast selbst prozessierend, mich immer wieder nach Pilzen bückend, durch den Wald, einen schmalen Weidenkorb unter den Arm geklemmt. Zwei Drittel ist er schon mit braunen festen Pilzen gefüllt. Voll soll er noch werden, dann ist das Abendessen gesichert. Das Moos federt meine Schritte sanft, so wie es die singende Stimme des Priesters zuvor mit den Sorgen der Bürger Krakowiańskas getan hat. Ich fühle mich erinnert an das gerade Erlebte, so bedächtig hat auch das Pilzsammeln fast etwas Mystisches.

Am Abend präsentiere ich die gesammelten Pilze stolz meinem polnischen Herbergsvater. Er befindet sie für essbar, lobt mich gar für die gute Ausbeute. Schnell schicke ich meiner Mutter eine Nachricht samt Foto von den gesammelten Pilzen und erzähle vom geplanten Abendessen. Postwendend kommt die Antwort: „Jeder Pilz hat einen giftigen Doppelgänger. Obacht!". Auch Google erzählt Geschichten vom qualvollen Pilztod bei falscher Auswahl. Das Gewissen, nach Observation katholisch Prozessierender heute hellwach, schaltet sich ein und warnt ebenfalls vor dem Verzehr. Ob sich die 41 Prozent polnischer Christen wirklich täuschen können? Heute entscheide ich mich gegen das Risiko. So landen die Pilze am Ende des Abends nicht in der Pfanne, sondern wieder im Weidenkörbchen. Zu scheu und ängstlich ist mein städtischer Gaumen. Fast sehne ich mich zurück zur Prozession auf die Wiese in den Beichtstuhl, um vom Sammeln der Pilze ohne anschließenden Verzehr zu berichten. Denn sind diese Geschenke der Natur am Ende wohl doch essbar, verkommen sie nun unschuldig in ihrem Weidenkörbchengrab. Das wäre eine hausgemachte kulinarische Sünde. Drei Tage später bin ich zurück in Warschau. Fast vergessen die Pilze aus Wola Krakowiańska, die nicht verspeist wurden. Am Straßenrand sehe ich eine alte Frau mit Kopftuch. Vor ihr auf dem

Boden liegt ausgebreitet eine Decke voll mit jenen Pilzen, die ich Tage zuvor im katholischen Dorf verschmähte. Hier in der Stadt kaufen die Menschen sie, genau die Pilze, die ich für ungenießbar, gar gefährlich hielt. Der Tradition in Wola Krakowiańska und dem polnischen Herbergsvater hätte ich trauen sollen. Google hingegen, die warnende Stimme meiner Mutter und die Statistik der 41 Prozent von der Existenz der Hölle überzeugten Polen lieber vergessen.

Für wahre Einsicht jedoch ist es nie zu spät und die Kirchen in Polen zur Beichte ja zum Glück fast rund um die Uhr geöffnet. Realität folgt eben ihrem ganz eigenen Tempo zur Erkenntnis.

ede Woche.
Warschau

Zahltag.
Warschau

Im Dienst.
Warschau

Fabelhafte Wesen

Heute gab es bereits die Kälte zu spüren in Toruń. Hier in Polen scheint der Herbst strenger zu sein als in Berlin. So viel ich die Kleidung auch schichte, der eisige Wind findet seinen Weg. Vergessen sind die lauen Herbstnachmittage in Warschau. Hier oben, im Nordosten des Landes, steht der Winter bereits in den Startlöchern.

Toruń. Diese Stadt, die einem Märchenbuch entsprungen zu sein scheint. Bekannt über ihre Stadtgrenzen hinaus meist nur für den berühmtesten Sohn der Stadt: Nikolaus Kopernikus. 1473 formulierte er hier das heliozentrische Weltbild, mit der Sonne als Mittelpunkt des Universums. Weniger bekannt ist die Magie, die diese Stadt umgibt und all die zauberhaften Geheimnisse in ihr, die man in den alten Stadtgemäuern entdecken kann.

Fabelhafte Wesen sind es, gar magisch einige von ihnen, die hier leben. Eines treffe ich im ältesten Pfefferkuchenmuseum der Stadt. Schwer nur öffnet sich die alte Eisentür, klischeegerecht quietschend, dahinter liegt ein holzvertäfelter Raum und der Duft von Zimt und Nelken in der Luft. Im kleinen Kassenhäuschen sitzt lächelnd ein junger Mann. Verschmitzt, nicht älter als 30, vielleicht auch 570, die Augen knopfklein und freundlich. Für einen Moment scheint sich ein gelber Glitzerschimmer auf seine Augen zu legen, da reißt der Zauber schon wieder ab und der Elfenmann kassiert fünf Euro. Versprochen wird dafür: Die Einführung in die Geheimnisse des Pfefferkuchenbackens. Wenig Geld für ein großes Erlebnis. Im Stockwerk darüber wartet die Hexe des Hauses. Sie lässt mich schwören, den Teig niemals falsch zu mischen. Nelken und Pfeffer gut zu zerstoßen, Zimt und Honig kräftig miteinander zu verkneten. Ich schwöre ehrlich und auf polnisch. Daraufhin wird geknetet, gerollt und der goldbraune Teig in hölzerne Förmchen gepresst. Die fertigen Pfefferkuchen duften nach Heimat und Weihnachten. Groß die Verlockung, einen kleinen Biss von dem Gebäck zu nehmen. Nicht essbar, warnt mich der Elfenmann noch schnell zum Abschied mit einem doppeldeutigen Zwinkern.

Gegessen werden in Toruń stattdessen Pierogge. Ein feiner Nudelteig gefüllt mit Pilzen, Sauercreme und allerlei Köstlichkeiten von Kraut bis Blaubeeren. Dazu beobachte ich, wie sich auf den Gassen erstaunliche Szenen abspielen. Toruń, die Stadt auf deren Mauern Elfen und Zauberer leben. Kleine Figuren, die nachts aus ihrem statuenhaften Dasein erwachen. Erst muss die Sonne untergehen, damit man das Schauspiel beobachten kann. Ist man aber aufmerksam genug, sieht man bereits in der Abenddämmerung, wie die unzähligen Zwerge und Elfen auf den Mauern der Stadt ihre Tonglieder schütteln und das Tor zu einer anderen Welt öffnen.

Es ist eine geheimnisvolle, eine unaufdringliche Welt, eine, die einen vom ersten Moment an gefangen nimmt. Die Statuen und Figuren findet man in der ganzen Stadt. Des Tags halten sie still, lassen sich fotografieren, scheinen in einen tiefen Schlaf gefallen zu sein. Des Nachts aber bewegen sie sich hinab von ihren Mäuerchen, schleichen sich in die großen gotischen Kirchen Toruńs, wärmen sich an einem kleinen Weihrauchfeuer. Mit den Kerzen leuchten sie sich den Weg. Aus Brot und Gebäck formen sie mit ihren schmalen Händen in den Hallen der unzähligen Bäckereien, in denen tagsüber Touristen wie ich ihr Pfefferbrot backen, ihr Nachtgebäck.

Die Einwohner Toruńs sind ein freundliches Volk. Ihr Geheimnis aber, dass Toruń keine gewöhnliche Stadt in Polens Nordosten ist, sondern ein Realität gewordenes Bilderbuchdorf aus dem Mittelalter samt magischen Wesen, diese Weisheit verraten sie nicht. Sie zwinkern nur vielsagend, fragt man sie nach der Bewandtnis der vielen Figuren auf ihren alten Stadtmauern.

Es ist kalt in Toruń, jeden Tag spürt man die Kälte hier stärker. Dennoch trübt auch der eisige Ostwind die Idylle nicht. Gegen die Kälte lassen sich in den Secondhandläden der Stadt dicke Pullover erstehen, für zwei, drei Euro das Stück, Schurwolle, bollenwarm.

Obwohl der Schnee noch ausbleibt, ist die ganze Stadt wie in klebrigen Zuckerguss gegossen. Strahlt eine Freundlichkeit und Geheimnis aus, das sonst nur Märchen in Kinderzimmern verbreiten. In einer Kellerbar entdecke ich Toruńs andere Seite. Das selbstgebraute Bier hier schmeckt bitter und stark. Es bleibt der wohl einzige Beigeschmack, den diese Stadt trägt.

Mehr Schein.
Toruń

Nachts.
Toruń

Geheimnisse.
Krakau

Couchsurfing extrem

Dass Lara bei der maximalen Anzahl von Gästen 13 angegeben hat, halte ich zuerst für einen Scherz. Auf der Internetseite Couchsurfing habe ich meine Gastgeberin in Krakau gefunden. Lara ist 18 und schreibt, „no problem, just come over", als ich sie frage, ob ich drei Nächte bei ihr unterkommen kann. Beim Couchsurfing öffnen Menschen für Reisende ihre Türen. Die Motive der Gastgeber sind so unterschiedlich wie sie selbst. Kulturaustausch, Sprachen üben und Reiselust oder so wie Lara es auf ihrem Profil beschreibt: Einfach gerne von Leuten umgeben zu sein.

Als ich in Krakau ankomme ist es bereits dunkel. In Warschau habe ich den geplanten Zug verpasst, die nächsten drei Züge waren ausgebucht. Es ist Freitagabend und zwischen den Metropolen pendeln am Wochenende viele Menschen hin und her. Es nieselt, als ich aus dem Bahnhofsgebäude in Krakau trete. Kein schöner Empfang, aber es ist schließlich Herbst und ich bin im Osten Europas unterwegs, auch wenn ich bisher von Ostwind und regennasser Kälte fast verschont geblieben bin.

Die 18-jährige Lara wohnt etwa 45 Minuten von der Innenstadt entfernt in einer Zwei-Zimmer-Wohnung, gemeinsam mit ihrem Freund Kamil. So viel hat mir bereits ihr Online-Profil verraten. Ich steige in die Tram, ein paar Stationen später um in den Bus und schließlich in einem Wohngebiet am Rande Krakaus aus. Lara empfängt mich mit blondem Lockenkopf und breitem Lächeln und bittet mich herein. Durch den schmalen Flur, vorbei am Arbeitszimmer, geht es ins Wohnzimmer mit integrierter Küche. Hier sitzt bereits eine andere Couchsurferin. Amalia kommt aus Argentinien, wohnt in Malta und unternimmt gerade einen Städtetrip nach Krakau. „Ich habe immer mehrere Gäste gleichzeitig, nachher kommen noch mehr", erzählt Lara und kocht Kräutertee. Nachher wird mitten in der Nacht bedeuten, denn dass die anderen Gäste nur zum Feiern - es ist gerade ein Technofestival in der Stadt - nach Krakau gekommen sind, scheint meine Gastgeberin nicht zu stören. Ein weiteres Pärchen ist für Mitternacht angekündigt, sie sind gerade noch in der Stadt unterwegs. „Eigentlich hab ich kein Limit", sagt Lara, als ich sie frage, wie viele Personen sie denn maximal in der Wohnung aufnehme. Auf 35 Quadratmetern. Ihre eigene Schlafstätte sind zwei Matratzen rechts neben dem Esstisch im Wohnzimmer. Im Arbeitszimmer liegt noch eine weitere aufgepumpte Matratze, hier soll später das Technopärchen schlafen. „Wer einen Schlafplatz braucht, soll ihn auch bekommen", so Laras liberale Einstellung. An diesem Wochenende ist ihr Freund Kamil nicht zu Hause, deshalb gibt es noch mehr Platz als sonst, der den Besuchern ihrer Stadt Herberge sein kann.

Lara ist erst vor zwei Monaten zu Hause ausgezogen, sie ist zum Studieren nach Krakau gekommen. Nun wohnt sie mit ihrem Freund in der ersten eigenen Wohnung. Seitdem haben die beiden bereits 20 Personen „gehostet", so heißt das Unterbringen von Reisenden in der Couchsurfing-Sprache.

Am Abend mache ich mir mein Bett zurecht. Ich habe Glück, eine aufblasbare Matratze gibt es noch. Das Nachtlager schlage ich unter dem Küchentisch neben dem Kühlschrank auf. Das andere Pärchen ist mittlerweile eingetroffen. Agnes und Tim kommen auch aus Polen, aus Łódź. Per Anhalter sind sie nach Krakau gereist, sie sind erfahrene Couchsurfer. Routiniert rollen sie Isomatte und Schlafsack neben dem Küchenbuffet, schräg zu meinen Füßen, aus und beginnen zu erzählen, dass sie letzten Sommer per Anhalter durch ganz Osteuropa getrampt sind.

Agnes hat Gitarre gespielt und gesungen und Tim dazu überdimensionale Seifenblasen auf die Straßen gepustet. Lara und Argentinierin Amalia haben unterdes beschlossen, sich das Nachtlager zu teilen, und es sich auf den beiden Matratzen bequem gemacht. In der Nacht, gegen vier, werden wir von der Klingel geweckt. Lara stolpert über mich zur Tür und lässt das Feierpärchen herein. Auch die beiden kennt sie nicht, nur über die Couchsurfing-Website. Unkomplizierter kann Gastfreundschaft kaum sein.

Am Morgen weckt mich der Geruch von Pfannkuchen. Lara brät, schräg über mich gebeugt, Bananen-Pfannkuchen für die ganze Truppe. Es kommt ein Gefühl von Kommunenleben auf, wie wir uns so gemeinsam um den Frühstückstisch platzieren und Lara reihum Pfannkuchen auf die Teller plumpsen lässt. Gegen Mittag ist Schluss mit der Kommune. Wir müssen raus aus der Wohnung. Lara will in die Stadt, sich einen Vortrag über das Universum anschauen. Wir machen uns gemeinsam auf den Weg nach Krakau. Unterwegs erzählt Lara, warum sie so gerne Gastgeberin ist. Aufgewachsen mit einer russischen Mutter, die das Mädchen schon als Vierjährige mit in Museen nahm, viel Wert auf kulturelle Bildung legte und gerne und viel kochte und einem Vater, der täglich Gäste empfing, braucht sie Menschen um sich herum als Inspiration, sagt Lara. Sie studiert Kulturwissenschaften, das Couchsurfing ist für sie so etwas wie die praktische Anwendung ihres Studienfachs.

In der Stadt trennen sich unsere Wege, am Abend in der Wohnung wollen wir uns wieder treffen, „komm einfach irgendwann nach neun, dann bin ich zu Hause", meint Lara zum Abschied.

So lange soll es nicht dauern, bereits wenige Stunden später - ich sitze gerade in einer schummerigen Bar bei polnischem Bier -

läuft Lara zufällig an meinem Tisch vorbei. Mit dabei zwei Freunde von ihr, das glaube ich zumindest. Lara macht uns bekannt, es stellt sich heraus, dass die beiden ebenfalls Couchsurfer sind. Das Paar, Azat und Karolina, kommt aus Russland und wird heute Nacht auch bei Lara schlafen. Die beiden hatten eigentlich schon einen anderen Schlafplatz in Krakau für das Wochenende. Bei ihrem Gastgeber ist jedoch in der Nacht zuvor die Heizung ausgefallen. Die letzte Nacht war so kalt, dass die beiden Russen selbst mit Winterjacke im Schlafsack kaum ein Auge zubekommen haben. Dass es bei Lara nur wenig Platz zum Schlafen und noch sechs andere Gäste gibt, nehmen die beiden gerne in Kauf. Auf dem Heimweg erzählt Lara, wie tief sie der Vortrag über das Universum bewegt hat. Die Weite, die Tiefe, für eine 18-Jährige hat sie ungewöhnliche Interessen. Dass in ihrer Wohnung heute Nacht zehn Personen schlafen werden, scheint die junge Polin nicht zu beeindrucken.

Auch in dieser Nacht mache ich es mir wieder unter dem Küchentisch bequem. Azat und seine Freundin haben sich neben Lara und der Argentinierin auf die Matratze gelegt. So ungewöhnlich die Situation anmutet, hier im Raum scheint sich keiner daran zu stören. Ob ich das Radio noch ein wenig anlassen könnte vor dem Einschlafen, sie schlafe nicht so gerne bei Stille ein, murmelt mir Lara noch zu.

Am nächsten Morgen rollen Agnes und Tim ihre Isomatten zusammen, schmieren sich Brote für den Tramper-Heimweg. Amalia packt ihren Koffer, sie fliegt am Mittag zurück nach Malta. Azat und Karolina machen sich auf den Weg nach Warschau, dort machen die beiden zur Zeit ein Auslandssemester. Das Technopartypärchen, bei der verkaterten Vorstellung am Morgen hat sich das Mädchen mit „Ich habe meinen Namen vergessen", vorgestellt, packt im Schneckentempo ihren Rucksack und zieht ebenfalls weiter. Plötzlich ist es ganz still in der Wohnung. Nur das Radio dudelt leise vor sich hin.

Ich bleibe noch eine Nacht in Krakau und leiste Lara Gesellschaft, die wieder am Computer sitzt und Couchsurfinganfragen beantwortet. „Alle nehme ich aber nicht an, was Nettes müssen sie schon schreiben", sagt Lara und hat schon wieder fünf Gäste für das nächste Wochenende zu sich nach Hause eingeladen.

ass.
rakau

In Arbeit.
Warschau

Beständig.
Warschau

Borovička

Da sitze ich nun, im zehnten Stock der grauen Platte auf der geblümten Eckbank von Kris und halte mich am Borovička fest. Fremd sind wir uns nach dem dritten Wacholderbeerschnaps, auch bekannt als Nationalgetränk der Slowakei, längst nicht mehr, dafür ist die Spirituose zu oft umdreht. Gerade eben erst haben wir uns auf dem Parkplatz vor Kris' Haus kennengelernt, jetzt sitze ich hier, als täte ich auch sonst nichts anderes, als hier zu sitzen und zu trinken. Mindestens 35 Prozent muss der Schnaps laut slowakischem Lebensmittelgesetz enthalten, dieser hier ist selbstgebrannt und bringt neben Trunkenheit die Angst um das eigene Augenlicht mit sich. Hierher gebracht hat mich der Zufall und die Entscheidung heute morgen, den ausgestreckten Daumen auf einer polnischen Landstraße über das nächste Ziel der Reise entscheiden zu lassen.

Drei Stunden zuvor: Ich stehe auf einer Straße kurz hinter der polnisch-slowakischen Grenze. Es ist bereits dunkel, der Plan mit dem Trampen ist heute nicht ganz aufgegangen. Zumindest hat alles viel länger gedauert, als ich es heute morgen, als ich in Nowy Sącz in Polen aufgebrochen bin, geplant hatte. Dennoch will ich versuchen in Richtung Košice, der nächstgrößeren Stadt in der Slowakei, zu kommen. 120 Kilometer sind es noch von dem Bordsteinrand, an dem ich gerade stehe, bis dorthin. Den ersten Abschnitt des Tages bin ich durch die polnische Tatra mit ihren bunt gefärbten Herbstwäldern gefahren. Zuerst hat mich ein Mittzwanziger-Paar mit Bob-Dylan-CD in der Musikanlage und langen Haaren in ihrem Camper mitgenommen. Die beiden waren auf dem Weg zu ihrer Familie, Wochenendbesuch auf dem Land. Dann bin ich bei einer Mutti eingestiegen, die gerade zum

Schwimmkurs fuhr und mich weiter südlich brachte. Zuletzt hat mich ein in seiner Freizeit Saxophon spielender LKW-Fahrer, der mit 30 Tonnen Mineralwasser an Bord durch Polen schippert bis zur slowakischen Grenze mitgenommen. Die habe ich zu Fuß überquert, noch euphorisch.

Jetzt ist es dunkel und die Hoffnung, heute noch eine Mitfahrgelegenheit bis nach Košice zu finden, schwindet langsam. Das Glück aber scheint mich nicht verlassen zu haben. Ein junges Paar in einem blauen Passat stoppt. Nach Košice müssen auch die beiden. Dort wollen sie den Bruder der Slowakin besuchen. Der junge Mann heißt Robin, ist 22, studiert Maschinenbau. Seine Freundin Sonia arbeitet als Kosmetikerin. Die beiden haben eine Vorliebe für Trance-Musik der 90er und einen flotten Fahrstil. Ich bin trotzdem erleichtert endlich in einem Auto in Richtung heutigem Ziel zu sitzen.

Als ich in Košice ankomme ist es bereits stockdunkel. Vor einem hohen Plattenbau kommen wir zum Stehen. Kris, Sonias Bruder, nimmt uns am Auto in Empfang. Ohne einen slowakischen Begrüßungsschnaps lässt er mich nicht gehen, sagt Kris und schiebt mich durch die Eingangstür in einen schmalen Aufzug. Kris wohnt in einer Einzimmerwohnung, kleiner Flur, helle Einbauküche, Ecksitzbank, Wohnzimmer mit Ausziehcouch. Im zehnten Stock, mit Aussicht auf Košice. Platte und Industriebauten wechseln sich mit mittelalterlichem Fachwerk ab. Sonia packt Wurst, einen großen Laib Brot, Walnüsse und Gouda am Stück auf den Tisch. Kris unterdes präsentiert: Borovička.

Kris ist 27 Jahre alt, er trägt die Hose tief, sein blondes Haar kurz, und lacht als er erzählt, dass er die ganze Woche über eigentlich nichts zu lachen hat. Er arbeitet im Stahlwerk, im größten des Landes, US Steel, täglich zehn Stunden. Am Wochenende trinkt er. So ist das Leben hier, unter der Woche wird gearbeitet, am Wochenende getrunken um die Arbeit zu vergessen. Darauf trinken wir Borovička. Stoßen auf die vermeintliche Freiheit des Wochenendes an. Kris legt Rubber Soul in seinen Schallplattenspieler und gießt mir starken süßlichen Wein ein. 600 Euro Miete zahlt er für seine Wohnung. Viel, bei einem Gehalt von knapp 1000 Euro monatlich. Darauf einen Borovička. Der dritte schmeckt schon gar nicht mehr so bitter. Wir trinken, happen Käsewürfel und grobes Brot mit dicker Butter. Kris will wissen, wie die Politik in Deutschland ist, ob unsere Medien auch so verlogen seien, wie die slowakischen. Er glaube der Presse nicht, informiere sich lieber über das Internet, sagt Kris. Ich erzähle ihm, dass ich Journalistin bin. Darauf trinken wir.

Ob ich nicht mitkommen will in eine Bar, es sei schließlich Samstagabend und er habe nicht jede Woche Gäste. Kurze Zeit später sitzen wir in einer Vorstadtkneipe. Plattenbauromantik, grau auf grau, vor uns, und schon wieder: Borovička. Wir stoßen an, mir wird schlecht.

Am Tisch mit uns sitzt Jannes, einer von Kris' Freunden. Er hat die letzten Jahre in England als Kellner gearbeitet, seit Kurzem ist er wieder zurück in der Slowakei. Er hat die Mutter und das gute Essen vermisst. Auch seien die Menschen einfach anders hier. Er ist zurück gekommen in den Osten Europas, obwohl auch er sagt, dass das Leben hier hart ist. Jetzt hat er sich einen Yorkshire Terrier gekauft, ist wieder bei der Mutter eingezogen und sucht gerade einen neuen Job. Ob das Leben nun besser sei? Ach das wisse er nicht so genau. Hart sei es auch in England gewesen, hier sei er wenigstens zu Hause.

Auf der schummrigen Bartoilette, Lydia mit Herzchen an der Toilettentür, sage ich Adieu Borovička. Kris lacht, als ich schwankenden Schrittes zurück zum Tisch komme, er steht nach wie vor gerade, wöchentliches Training zahlt sich aus. Wir beschließen, den Heimweg anzutreten.

Wieder zu Hause bei Kris wird klar, dass ich heute in diesem Zustand so schnell keine Unterkunft mehr finde, es ist bereits halb zwei in der Nacht. Kris legt eine Matratze auf den Küchenfußboden. Zwischen Eckbank und Spültisch falle ich rückwärts um. Herzlich Willkommen in der Slowakei, lacht Kris, schenkt sich noch einen Borovička ein und wünscht mir eine gute Nacht.

Der Schatten der Dinge.
Košice

Gewartet.
Košice

Worauf?
Košice

Alle Suppen ausverkauft

Für Danka war es heute ein guter Tag. Leer gekratzt sind die großen gusseisernen Töpfe in ihrer Küche, die Kasse ist voll. Endlich sind wieder so viele Wanderer auf die Berghütte gekommen, dass Danka zumindest heute nicht darüber nachdenken wird, ob sich die Pacht für das alte Holzhaus diesen Monat lohnt. Seit fünf Jahren bewirtschaftet die Slowakin die Hütte. 1200 Höhenmeter müssen Wanderer nach oben steigen um in Lajoska einzukehren. Danka trägt ihre schwarzen Locken offen, eine blaue Fleecejacke, festes Schuhwerk und strenge Gesichtszüge. Sie sieht älter aus als die 45 Jahre, die sie dieses Jahr geworden ist. Sie lächelt, selten. Das Geschäft hier oben in den Bergen ist hart, ihre Hände von der vielen Arbeit rissig. Als burschikos könnte man sie beschreiben. Vielleicht war sie das schon immer, vielleicht wurde sie es, weil sie sich immer wieder durchsetzen musste. Als Frau alleine eine Berghütte zu bewirtschaften, ist auch in der Slowakei etwas ungewöhnliches.

Der letzte Pächter der Wanderhütte sei verrückt geworden. Die Kälte, vor allem aber die Einsamkeit im Winter, wenn wochenlang niemand auf den Berg steigt, hätten ihn in den Wahnsinn getrieben, erzählt Adam. Der junge Mann ist gerade in die Gaststube eingekehrt. Der Kamin knistert, auf einem Bügel daneben hat er seinen verschwitzten Wollpulli aufgehängt. Neben ihm steht sein großer roter Wanderrucksack. Danka und Adam begrüßen sich herzlich mit einer Umarmung. Seit Jahren schon kommt der junge Mann aus der Stadt am Wochenende hier hoch in die Berge. Er bestellt Buchty, Hefeknödel gefüllt mit Pflaumenmus, garniert mit Schokoladensauce. In der Stube riecht es nach Kaminfeuer und gebratenen Zwiebeln. „Lajoska ist ein Stück

Heimat", sagt Adam. Die Sonne wirft ihren Schatten durch das Hüttenfenster. 12 Grad zeigt das Thermometer an der hölzernen Eingangstür. Die Blätter segeln bereits gelb und rotbraun von den Bäumen.

Adam lebt in der nächstgrößeren Stadt, Košice. Das Wochenende nutzt er, um dem städtischen Trubel zu entfliehen und Ruhe im slowakischen Herbstwald zu finden. Es ist einsam hier oben, auf dem Weg trifft man nicht viele Wanderer. Es ist bereits Spätherbst, nur noch wenig schöne Tage wird es in diesem Jahr geben.

Lajoska steht bereits seit über einhundert Jahren an ihrem Platz. Nach oben kommt nur, wer von Košice aus eine halbe Stunde mit dem Bus bis zur letzten Station in die Berge fährt und dann eineinhalb Stunden durch den Wald stapft. Danka selbst fährt jeden Freitagmorgen in ihrem schwarzen Pickup, ihren beiden Hündinnen, Emma und Lady, und ihrer 65-jährigen Mutter, sie hilft beim Kochen und gegen die Einsamkeit, auf einem Waldweg nach oben. Jedes Mal bepackt sie ihren Kofferraum mit Zwiebeln, Eiern, Kraut und Kartons voll tiefgefrorener Buchty. Die schmecken hausgemacht sind aber aus dem Großmarkt in der Stadt und, frisch zubereitet, fast wie selbst gemacht, verrät Danka.

Lajoska steht auf einer Lichtung am Hang, rechts der Hütte liegt ein kleiner Holzverschlag, ordentlich gestapelt warten die Scheite hier auf ihren Einsatz. Vor dem Eingang stehen große Holztische, im Sommer sitzen hier Wanderer beim Bier. Sicher, sie hatte Hoffnung, dass das Geschäft auf der Hütte besser läuft, als sie Lajoska vor fünf Jahren gepachtet hat, erzählt Danka. Aber nun sind die Dinge eben so wie sie sind. Am Besten verkaufen sich nicht Suppen und Buchty sondern Erdnussriegel und Bier, des Wanderers schnelle Wegzehrung. Auch bleiben die Ausflügler selten über Nacht, so wie Adam und ich es heute tun. Genügend

Platz bietet die Hütte zwar, es gibt sechs Mehrbettzimmer, ausgestattet mit einfachen Stockbetten. Jugendherbergscharme, die Bettdecken sind gesteppt, schwer und muffig, die alten Holzdielen im ersten Stock ächzen unter jedem Tritt. Eine Dusche gibt es nicht, aber kaltes klares Wasser, mit dem sich der Wanderschweiß vom Gesicht waschen lässt. Die Heizung ist nicht angestellt. Bei so wenig Gästen, wie es heute sind, lohne es sich einfach nicht, erklärt Danka und drückt mir einen verrosteten Heizstrahler in die Hand. Der soll mein Zimmer heute Nacht beheizen. Wem es am Abend zu kalt ist, der kann sich in der Gaststube am Kamin wärmen. Hier trocknen Wandersocken und Emma, Dankas stämmiger Bernersennenhund, seine Pfoten.

Es ist Abend geworden, die Zeit hier oben auf Lajoska vergeht rasch. Draußen brennt bereits ein Lagerfeuer, der Vollmond schiebt sich aus den Tannenwipfeln hervor. Adam sitzt am Feuer, wärmt Hände und Stockbrot und beginnt zu erzählen, dass er in der Stadt eine Ausbildung zum Zahntechniker macht. Er ist 21 Jahre alt und ehrgeizig in seinem Beruf. Er schätzt das Handwerk und die Herausforderung, aber auch die Stille und die Erholung in der Natur. Die Hütte Lajoska kennt er seit er ein kleiner Junge ist. Damals sei er mit seinen Eltern hier hoch gekommen. Danka bläst blaue Rauchschwaden in die Luft. Sie steht an ihrem vergitterten Küchenfenster und schaut uns von innen zu. Im ersten Stock flackert ein Fernseher. Dankas Mutter hat sich dorthin zurückgezogen, sie genießt ihren Feierabend und das Unterhaltungsprogramm. Es ist ein einfaches Leben, das wir hier führen, sagt Adam. Aber ein zufriedenes, fügt er hinzu.

Das Leben hier im Osten der Slowakei ist hart. Traditionell ist gerade dieser Landstrich von hoher Arbeitslosigkeit betroffen. Fast 16 Prozent der Bevölkerung Košices sind ohne Job. Mit 240 000 Einwohnern ist die Stadt, die auf deutsch Kaschau heißt, nach

Bratislava die zweitgrößte Stadt der Slowakei. Wer hier einen Job hat ist froh, das ist auch Danka. Früher hat sie als Köchin in einem Restaurant gearbeitet, dort hat sie wenig verdient und für andere geschuftet. Hier in Lajoska kann sie zumindest so wirtschaften wie sie es möchte. Nur lohnen, so wie heute, tut es sich leider selten. Die Suppen und Buchty sind günstig, zwei Euro fünfzig. Für die Übernachtung fallen acht Euro an, drei Euro für das große Eier-Frühstück. Leisten können sich das hier in der Region dennoch wenige.

Als es 22.00 Uhr wird bittet uns Danka nach drinnen. Sie will die Tür absperren, man wisse ja nie, selbst hier oben, lächelt sie entschuldigend. Ich ziehe mich in die Gaststube zurück. Hier sitzen Katharina und ihr Freund eingesunken auf einem der Sofas. Katharina hilft Danka manchmal am Wochenende in der Küche. Beim Schneiden und Kochen, Servieren und Spülen. Sie fragt woher ich komme und wird euphorisch, als sie erfährt, dass ich aus Deutschland bin. In fast akzentfreiem Deutsch beginnt sie zu erzählen, dass sie in der Nähe von Frankfurt als Altenpflegerin gearbeitet hat. Sechs Jahre lang, jeden Monat hat sie ihr Geld in die Slowakei geschickt. Ihre Tochter blieb damals bei der Großmutter zurück, sie ist jetzt schon 17 Jahre alt und bat ihre Mutter, endlich wieder nach Hause zu kommen. Vor zwei Jahren kam Katharina zurück. Seitdem, sagt sie, ist ihr Leben traurig. Gerade einmal 34 Jahre alt ist sie, ihre Wangen sind gerötet, das blonde Haar fahl, ihre Augen liegen tief in den Höhlen. Ihr Freund, stämmige Statur, kaum Haare, riesige fleischige Hände, bietet mir unterdessen Borovička an. Nein, nein, mindestens einen müsse ich schon trinken, das gehöre zum Gespräch und zur Gastfreundschaft dazu, versichert mir Katharina auf mein Abwinken hin. In Deutschland sei das Leben für sie besser gewesen, weniger Sorgen, weniger Alkohol. Sie hoffe so sehr, wieder zurück gehen zu können. Ihre Stimme ist schon ein wenig eingetrübt vom Schnaps.

Der stämmige Freund greift ihre zarte Hand und legt sie in die seine. Sie liebe ihn nicht, erzählt sie mir und betont, er spreche kein deutsch, er spreche nur slowakisch, überhaupt sei nicht viel mit ihm anzufangen. Aber in der Nacht halte er sie warm und das sei schließlich besser als nichts, fügt sie entschuldigend hinzu. Eine Weile sitzen wir so noch zusammen, dann verabschiedet sich Katharina mit einem traurigen Lächeln in die Nacht. Ihre Worte klingen im knisternden Kaminfeuer noch lange nach. Am nächsten Morgen beschließe ich noch eine weitere Nacht auf Lajoska zu bleiben. Die Ruhe hier oben, die Stille der Berge, die Sanftheit des Herbstes, das kalte Wasser, es tut gut.

Am Sonntagabend, die meisten Wanderer sind längst zurück in ihren Stadtwohnungen, bietet Danka mir an, in ihrem alten Landrover mit zurück nach Košice zu fahren. Sie sperrt die schwere Holztür von Lajoska zu. Ein kleines Glöckchen bimmelt über der Schwelle zum Abschied. Ich nehme auf der Rückbank Platz, auch Katharina, ihr Freund, die Hunde Emma und Lady quetschen sich mit auf die drei Sitze. Dankas Mutter ist vorne unter riesigen Tüten und Kartons eingegraben. Geschickt lenkt Danka das große Auto den schmalen Waldweg hinab. Für sie ist es Routine. Katharina hat sich auf den Schoß ihres Freundes gequetscht, sie kichert ein wenig, wirkt gelöster als am Vortag. Emma, der großen Bernersennenhündin, wird es schlecht, sie versucht sich an mir vorbei aus dem Fenster zu drücken um etwas frische Luft abzubekommen. Ich sehe Danka im Rückspiegel ein wenig lächeln, es war ein gutes Wochenende für sie.

Es ist erst Herbst, zum Winter sind es noch einige Wochen hin. Die Hoffnung, dass sich diese Saison doch noch lohnen wird, hat sie noch nicht aufgegeben.

ber 100.
ajoska

Strahlendes Dickkicht.
Lajoska

Aussicht.
Košice

Im Klub

Wie der klassische Hausbesetzer sieht Jan nicht gerade aus. Er trägt spitz zulaufende schwarze Schuhe, ein modisches graues Hemd zur engen Hose, den Schnurrbart ordentlich gezwirbelt über den Lippen und ein wenig Stolz in der Stimme, als er erzählt, dass der „KLUB" das erste besetzte Haus der Slowakei sei. Wenn man es genau nehme, fügt er hinzu, stimme das mit der Besetzung zwar nicht ganz, als „Squat" - besetzt – kann man das Haus aber dennoch bezeichnen.

Am Abend zuvor habe ich Jan und einige seiner Freunde in Tabaca, einer Bar in Košice, kennengelernt. Sie sitzen um einen runden Holztisch, draußen, obwohl der Herbst schon Einzug gehalten hat. Es ist kalt. Martin, einer von Jans Freunden, hat mitbekommen, dass ich einen Schlafplatz suche und mir angeboten, bei ihm zu übernachten. Genau genommen bei seiner Oma. Die sei vor drei Tagen verstorben, die Wohnung würde jetzt eh keiner nutzen. Es müsse ja weitergehen. Tomasz sitzt neben Jan, raucht Kette und erzählt, dass er demnächst in die Ukraine fahren will, um slowakische Freiwillige, die in der Ukraine gegen Russland kämpfen, zu filmen. Er studiert in Prag Terrorismusforschung und beginnt im Verlauf des Abends, den Nahost-Konflikt geschichtlich zu erörtern. Und dann ist da eben Jan, eher ruhig, der sagt, dass ich am nächsten Tag doch einmal vorbei kommen und mir den „KLUB", das erste alternative Zentrum Košices, anschauen soll.

Als Jan und seine Freunde vor neun Monaten das Haus bezogen haben sind sie zwar nicht über Zäune geklettert, haben weder Türen aufgebrochen, noch sind sie bei Nacht und Nebel eingedrungen. Ganz im Gegenteil, mit einem Schlüssel sind sie einfach durch die Vordertür spaziert und haben begonnen, tote Ratten aus dem Keller zu räumen. Als besetzt gilt das Haus dennoch, denn das haben sie es, mit ihrer Idee eines kommunalen Zentrums, das in dieser Form in der Slowakei bisher einzigartig ist. Der neue Freiraum erstreckt sich über drei Stockwerke und liegt an einer belebten Hauptstraße. Nach vorne: vierspuriges Hupkonzert, hinten: ein kleiner Garten, im Sommer sprossen hier bereits die Kräuter und verkündeten erste grüne Erfolge. Im Erdgeschoss gibt es einen „Umsonst"-Raum, hier bringt vorbei, wer zuviel und holt ab, wer zu wenig hat. Es gibt eine Fahrradwerkstatt, jeden Samstag vegane Volksküche, alle paar Wochen Obdachlosenspeisungen. Der „KLUB" soll so etwas wie „Ein Ort für alle" werden, ein Freiraum für die, die den großen Ellbogenkampf der Gesellschaft nicht mehr mitmachen wollen. Die Slowakei ist noch nicht lange angekommen im Kapitalismus. Seit dem Fall des Kommunismus hat aber auch hier das große Rennen begonnen.

„Unsere Gesellschaft mit westlicher Kultur zu vergleichen ist schwierig", sagt Jan und erklärt, dass das späte Ende des Kommunismus und die in den Köpfen weiter existierende Ideologie dazu führten, dass es bisher in der Slowakei kaum Bewegungen von Gegenkultur gegeben habe. „Wir sind nicht traumatisiert vom Kommunismus, aber es braucht einfach Zeit bis sich die Dinge ändern". Heute, sagt Jan, sei die Slowakei eine durch und durch kapitalistische Gesellschaft. Der Kapitalismus sei jedoch nicht zwingend schlecht. „Wir Menschen wissen eben nur noch nicht, wie wir uns im Kapitalismus verhalten sollen".

Immer wieder fragte sich Jan, der Fotografie und Mathematik studiert hat, ob es möglich sei, alternatives Leben, Arbeiten und Erschaffen, in einer Gemeinschaft zu realisieren, ohne im Chaos zu enden.

In Berlin und Prag lernte Jan Hausprojekte kennen, in den Niederlanden lebte der 28-Jährige für einige Zeit in einem besetzten Haus. Dort erfuhr er, dass alternatives Leben weder mit einem bestimmten Kleidungsstil noch mit Drogenexzessen und Unordnung einher gehen muss, sondern ein Zuhause für Menschen mit der Vision, etwas zu verändern, sein kann. Damit seine Vision Wirklichkeit werden konnte, nahm er eines Tages das Schicksal in die Hand. Zufällig hatte er die Nummer des Eigentümers des leerstehenden Hauses bekommen. Er kontaktierte den Mann und konnte ihn kurze Zeit später von seiner Idee überzeugen. Die Abmachung stand: Jan und Unterstützer des Projektes würden das Haus kostenfrei für Ausstellungen, kreative Ideen, soziale Projekte nutzen dürfen und im Gegenzug kleinere Reparaturen übernehmen und sich darum kümmern, dass es nicht weiter verfällt. Bis sie wirklich einziehen konnten, dauerte es noch drei lange Monate. Der Hausbesitzer konnte die Schlüssel nicht mehr finden. Zu lange schon hatte niemand mehr das Gebäude betreten. Im April 2015 war es dann so weit. 30 junge Menschen hatten sich versammelt, bereit, das verfallene Haus zu entrümpeln und mit neuen Ideen zu füllen. Mit dabei: Martin, Tomasz und Jan.

„Wenn man etwas verändern will muss man mit den bestehenden Strukturen anfangen, lokal, und mit denen sprechen, die bereits hier sind", sagt Jan. „Wir sind nur Gäste, manche Nachbarn leben hier bereits ihr ganzes Leben, deshalb war es uns sehr wichtig uns höflich vorzustellen." An manche Türen mussten sie fünfmal klopfen, bis die Nachbarn zustimmten zum Willkommensfest zu kommen. Am Ende standen sich Generationen am Grill gegenüber. 90-jährige Omas neben jungen Künstlern und Punks. Die erste Veranstaltung war ein Erfolg.

Für die breitere Öffentlichkeit eröffnete der „KLUB" mit einer Ausstellung von 33 Künstlern aus der Slowakei. In den letzten

Monaten haben sie bereits 12 Ausstellungen und zahlreiche Do-it-yourself-Workshops organisiert. Ein radikal-feministischer Strickworkshop war dabei, alte Kunst mit politischem Anspruch neu definiert. Solche Veranstaltungen finden sonst nur selten einen Platz im kommunalen Kulturangebot.

„Wir befinden uns auf einem Langstreckenlauf mit unserem Projekt", sagt Jan. Er hofft, dass die Idee eines selbstverwalteten Zentrums alternativen Lebens Feuer fängt und noch mehr junge Leute in der Slowakei damit beginnen, festgefahrene Strukturen zu hinterfragen, und sich ihre Welt einfach selbst schaffen. Die Unterstützer braucht er, denn es steht bereits fest, dass es für den „KLUB" in diesem Haus keine Zukunft geben wird. Im nächsten Jahr schon will der Vermieter mit der Renovierung beginnen. Jan hofft, dass es dann bereits genügend Unterstützer des „KLUB" geben und das neue Haus das Projekt von selbst finden wird.

Als wir den Rundgang durch den „KLUB" gerade beenden wollen stößt Martin zu uns. Er lädt mich ein, am Abend in die Wohnung seiner verstorbenen Oma zu kommen, er mache eine Versteigerungsparty. Altes Geschirr, Tischdecken, Bilderrahmen, alles muss raus. Es müsse eben weitergehen. Stillstand, da sind sich Jan und Martin einig, bringe nun wirklich niemanden weiter. Und falls sie keinen Eigentümer finden, der ihnen ein Haus für den „KLUB" zur Verfügung stellt? Nur dann würden sie über die „extreme" Maßnahme einer wirklichen Besetzung nachdenken. „Um aus der Welt einen besseren Ort zu machen." Jan sagt es ohne Pathos in der Stimme, mit der pragmatischen Überzeugung eines ganz und gar untypischen Hausbesetzers.

Hoch hinaus.
Košice

Zu Mittag.
Košice

Alternative Erkenntnisse

Hinter grauen Plattenbauten, hohen Schornsteinen des Stahlwerkes und schmutzigen Industriebauten versteckt sich eine ganz besondere Altstadt. Košice hat mehr zu bieten, als es auf den ersten Blick scheint. Die Stadt in der Ostslowakei, bis 1993 auf dem Gebiet der ehemaligen Tschechoslowakei, hat eine pittoreske mittelalterliche Altstadt mit einem gotischen Dom, verzierten Fachwerkhäusern und kleinen Cafés. Mittendrin findet sich eine ganz besondere Straße voller Kunsthandwerk. In der „Hrnčiarska"-Straße arbeiten ein Töpfer, Kunstschmied, Weber, Gerber. Auch ein ganz besonderes Handwerk, ein fast vergessenes, das der Heilkunst, findet sich dort in Gestalt einer urigen gut sortierten Kräuterapotheke.

Eine kleine Glocke kündigt mich als Besucher an. Hohe Regale, gefüllt mit Einmachgläsern voller Kräuter, kleine Säckchen mit getrockneten Heilmitteln für jede Befindlichkeit. Hinter der hölzernen Theke steht Mary, sie ist 56 und Verkäuferin in der Kräuterapotheke.

Das Vertrauen in die Heilkraft der Kräuter, sagt Mary, sei Tradition in der Slowakei. Wer Kopf-, Bauch- oder Gliederschmerzen hat kann hier eine Kräutermischung finden, die hilft. Auch bei Stress, Burn-Out, gar Depressionen gäbe es Pflanzen, die die natürlichen Selbstheilungskräfte des Körpers wieder in Gang bringen und zur Genesung beitragen können. Jedoch sei es so, dass auch die Menschen in der Slowakei immer öfter den kleinen weißen Pillen der modernen Apotheken Glauben schenken und vergessen, dass es schon immer heilende Mittel aus der Fauna gab. Schuld daran trügen vor allem diejenigen, die ihre eigenen

Produkte als Konkurrenz zu den Naturheilmitteln sehen, erklärt Mary. In den letzten Jahren habe es in der Slowakei immer schärfere Gesetze gegen den Verkauf von Heilpflanzen gegeben. Als Arzneimittel dürfen die Pflanzenmischungen nicht mehr bezeichnet werden. Auch dürften sie die Wirksamkeit der Pflanzen nicht mehr explizit auf den Verpackungen beschreiben. Systematisch versuchten Pharmakonzerne traditionelle Heilverfahren und die Kräuter vom Markt zu verdrängen, um ihre eigenen Pillen unters Volk zu bringen. Eine Schande sei das, regt Mary sich auf. Denn, dass die Pflanzen wirklich helfen, da ist sie sich sicher.

Das Glöckchen am Eingang kündigt eine Kundin an. Etwas gegen Schmerzen am Ischias suche sie. Natürlich hat Mary etwas da, das helfen soll. Woher sie all das Wissen über die Heilpflanzen nimmt, will ich von ihr wissen. Die Frage beantwortet sie lächelnd. Seit Jahren arbeitet sie in dieser Kräuterapotheke. Viel Wissen hat sie von ihrer Großmutter gelernt. In deren Garten wuchsen einige Heilpflanzen. Und wenn Mary doch einmal etwas nicht weiß, stehen unter der Ladentheke große in Leder eingeschlagene Bücher, die über die verschiedenen Heilpflanzen und ihre Funktion informieren.

Ich frage nach einer Pflanze, die den Stress, in Form von Kopfschmerzen, abschaffen soll. Mary rät mir zu Entschleunigung und einer Kräuterteemischung. Einmal täglich, acht Minuten durchgezogen, bald schon soll es mir besser gehen. Auf den Versuch lasse ich es ankommen. Ich kaufe Stress-Tee und die sanfte Ahnung, dass das Infragestellen alternativer Medizin in der modernen Gesellschaft nicht durch eventuelle Unwirksamkeit, sondern auch durch den Einfluss großer Konzerne bestimmt wird. Ich trete wieder hinaus aus der Kräuterapotheke auf die Kunsthandwerkerstraße „Hrnčiarska". Das Kopfsteinpflaster ist spiegelglatt, so lange bedeckt es schon diese Straße. Das Leben hier in Košice dreht sich in einem ganz eigenen Tempo. Wenn ich noch eine Weile hier bleibe, brauche ich vielleicht auch den Stress-Tee nicht mehr.

Eine Frau um die 50 mit einem großen schwarzen Schlapphut auf dem langen Haar tritt aus dem Töpferladen schräg gegenüber in mein Blickfeld. Sie zieht ihren Hut ein wenig aus dem Gesicht, dreht sich mir zu, lächelt. Unter den Arm hat sie eine getöpferte Vase geklemmt. Das Gefäß scheint nur darauf zu warten bei ihr zu Hause endlich eine Funktion zugewiesen zu bekommen. Nicht nur schön, sondern auch funktionell zu sein. Wie die Pflanzen, die erst als blühende Schönheiten in Gärten wachsen und dann in Einmachgläsern in Marys Kräuterapotheke zu potenten Alltagshelfern werden.

Hrnčiarska.
Košice

Immer frisch.
Košice

Seit 50 Jahren.
Košice

Ostmelancholie

Diesig legt sich der Nebel wie ein transparentes Netz aus Perlen über die Stadt. Die Häuser stehen grau und niedrig, drücken sich eng aneinander. Budapest. Durch eine breite Flügeltür betrete ich das alte Café, es ist eines von vielen in dieser Straße. Es riecht nach Omas Plätzchen und warmer Butter. Die Beleuchtung ist rot und schwach, die Tische aus dunklem Holz, feines Kaffeegeschirr darauf. Silberlöffel klappern, jedoch nur an vier Tischen. Einer ist im Vorderraum besetzt, drei im Raucherbereich. Der Rest des Cafés ist leer. Der Boden ist mit großen Teppichen ausgelegt. In hellem blau mit edlen Ornamenten dämpfen sie die Schritte, federn ab. Gleich am Eingang, ein runder Tisch, besetzt von einem älteren Herrn. Graues Haar, die Hände auf der Bundfaltenhose abgelegt, die Mundwinkel schlaff. Ihm gegenüber eine Dame, sein Alter, wenn auch besser erhalten. Beide Kaffee aus dem Kännchen. Sie, zwei Würfelzucker, drei Mal Rühren der Tasse. Er, schwarz, der kleine Finger zittert beim Abheben.

Im hinteren Bereich liegt das Raucherzimmer und Qualm in der Luft. Tabakgeruch blau und frisch, gemischt mit aufgebrühtem Kaffee. Am vorderen Tisch: Ein junges Paar. Sie: lockiges blondes Haar. Er: eine Hand in der Hüfte, die andere am Kinn, Denkerpose. Das Haar kurz, bereits Geheimratsecken, Bartstoppeln. Auf dem Tisch: Eine Kerze, fast abgebrannt auf einem Porzellanuntersetzer. Stummellicht. Beide: ernste Mienen, vielleicht Beziehungsende, Krise oder nur Alltag.

Am hinteren Tisch: drei Herrschaften, zwei Männer, eine Frau. Drei leere Gläser. Was sie sich zu sagen hatten ist längst verschluckt von schweren Teppichen, den eben beschriebenen, und im Geklapper des Kaffeegeschirrs untergegangen. Die Kaffeemaschine, sie zischt und prustet, arbeitet sich beharrlich an ihren Aufgaben ab. Vertraute Geräusche, das Klappern der schmalen Silberlöffel auf Porzellan. Austauschbar die Cafébeschreibung, ihre Besucher, die Gespräche, vielleicht sogar sie selbst.

Warum kommen Menschen in Cafés? Dieser Ort, der die Gedanken anwärmt mit den Heizkosten anderer? Das schummerige Licht schafft ein Gefühl der Geborgenheit. Zurück im Leib, vielleicht. Der Qualm, das leise Geschnatter des Gedankenaustauschs zwischen altem Herr und Dame, Herrschaften und Paar. Sie alle scheinen sich hier wohl zu fühlen, wohler vielleicht als in den eigenen vier Wänden. Ist das vielleicht der Grund, weshalb sie immer wieder zurückkehren an die schmalen Tische? Ihre Hintern auf Stühlen, die nicht ihnen gehören, platzieren. Sich Löffel, die nicht ihre eigenen sind, zwischen die Lippen schieben.

Über der Stadt liegt Melancholie. Sie lässt sich schwer greifen, hauchdünn ist sie und netzartig. Der Herbstwind hat sie auch durch die Flügeltür dieses Cafés getragen. Draußen kann man nicht weiter als bis zum nächsten Häuserblock schauen. Tief hängt der Nebel, tiefer als am Mittag. Rasch, nachdem die Herrschaften im Raucherraum das Lokal verlassen haben, räumt die Kellnerin flinken Schrittes hinter ihnen ab. Verwischt die Spuren mit einem Lappen voll kleiner Brösel. Die Gäste sind austauschbar, als wären sie nie da gewesen. In einem Café wie diesem verschwinden sie so unauffällig wieder, wie sie hereingekommen sind. Auch der ältere Herr und die Dame im Eingangsbereich haben ihren Platz bereits geräumt. Nur die perlenden Wassertropfen an der Scheibe erinnern noch daran, dass kurz zuvor ihr Atem diesem Raum Leben eingehaucht hat.

Samstags.
Budapest

Scharf.
Budapest

Fast zärtlich.
Budapest

Trampen mit einem Schmuggler

Über mir kreist ein Hubschrauber, wirft große Lichtkegel mit Suchscheinwerfern fleckig auf das Feld, Rotorenblätter knattern. Ich stehe am Fahrbahnrand der Bundesstraße E60 in Ungarn. Heute Morgen bin ich in Budapest aufgebrochen. Der Plan: per Anhalter nach Rumänien. Es ist bereits dunkel, 18.30 Uhr. Wenige Kilometer entfernt erzählen die Lichter der ungarischen Kleinstadt Szolnok vom Leben. Rund 75 000 Menschen wohnen hier. Wahrscheinlich sitzen viele von ihnen gerade am Abendbrottisch bei kräftiger Wurst und starkem Wein, die Esszimmer gemütlich erleuchtet. Bekannt ist Szolnok, weil hier bis vor kurzem noch eine der offiziellen Durchgangsstationen für Flüchtlinge, die über die Balkanroute nach Westeuropa reisen, war. Bis Ungarn seine Grenzen schloss. 1000 Flüchtlinge hält das Land aktuell noch in Gefängnissen fest. Ihr Verbrechen: Den Zaun, den Ungarn im Süden des Landes errichtet hat, durchbrochen zu haben und mit dem falschen Pass nach Ungarn gelangt zu sein. Mit einem syrischen Pass, einem afghanischen, einem irakischen, zumindest keinem europäischen.

Eine Gruppe Männer rennt gebückt im Schutz der Dunkelheit, von den Streiflichtern der vorbeifahrenden Autos beleuchtet, an mir vorbei. Sind sie es, die der Hubschrauber mit hellem Licht sucht? In Szolnok steht eines der Gefängnisse, in denen Ungarn Flüchtlinge festhält. Vielleicht sind die Menschen, die da gerade um ihr Leben zu rennen scheinen, Geflüchtete? Im Dunkeln ist das schwer zu erkennen. Und selbst wenn es hell wäre, woran eigentlich? Die Vorstellung, dass ein Hubschrauber zusammen mit lärmenden Sirenen von Polizeiautos die über die Bundesstraße näher kommen, gerade wenige Meter von mir entfernt Jagd auf

Menschen macht, befremdet. Fröstelt. Um was es sich bei der Suchaktion wirklich handelt kann ich in diesem Moment nicht herausfinden. Auch an den darauf folgenden Tagen finde ich in den ungarischen Nachrichten und Polizeimeldungen keine Hinweise, wer dort auf den Feldern eigentlich wirklich gesucht wurde. Die Gedanken über einen Zusammenhang mit der Flüchtlingskrise scheinen jedoch nicht zu fern zu liegen.

Die Realität dreht sich weiter. Ich halte den Daumen raus und ein Pappschild hoch: Romania, Please. Tatsächlich stoppt schon nach kurzer Zeit ein Auto, das dritte heute, das mich vielleicht wieder ein Stück weiter ostwärts bringen wird. Nach Rumänien fahre er, erklärt mir der Fahrer in gebrochenem englisch hektisch. Nach Rumänien will auch ich. Bevor ich einsteige, fragt mich der Mann nach meinen Papieren. ID, Passport? Ja, Papiere habe ich, keine Sorge. Nein, nein, er wolle nicht hören, dass ich Papiere habe, er will sie sehen. Ich zeige meinen Ausweis. Das beruhigt ihn. Das mit den Pässen solle ich nicht persönlich nehmen, erklärt mir der Fahrer, der sich als Marius vorstellt. Die Flüchtlinge, viele ohne Papiere, es sei gerade schwierig in der EU. Viele, viele Probleme, sagt er, versucht mit der einen Hand sein Handy einzuschalten und mit der anderen, die Fahrbahnspur zu halten. Er wolle seine Frau anrufen, sie spräche englisch, dann könne man sich besser verständigen. Als er sie endlich erreicht, rasselt er ein paar Sätze auf rumänisch ins Telefon und reicht es dann an mich weiter. Josefa, Marius' Frau sitzt zu Hause in der Nähe von Oradea in ihrer Wohnung. Bereits seit zweieinhalb Monaten wartet sie auf ihren Mann. Im Hintergrund plappert ein Kind. Mit den Pässen, erklärt auch sie mir, das sollte ich nicht persönlich nehmen, er müsse halt vorsichtig sein. Gerade jetzt, wo er doch so frisch aus dem Gefängnis entlassen wurde.

Marius kreuzt unterdessen beide Hände und ruft immer wieder

„Prison", „Prison" und Regensburg. Josefa erklärt mir, dass er gerade auf der Rückfahrt von Deutschland sei. Dort war er die letzten zweieinhalb Monate inhaftiert. Marius zeigt eine vier mit seiner linken Hand, zweimal die Null mit der anderen. 400 Euro pro Person. Marius hat Flüchtlinge von Budapest aus nach Deutschland geschmuggelt. Er zählt die Route auf: Budapest, Österreich, Vienna, dann nach Passau bis nach Regensburg in Bayern. Zehn Personen hatte er im Auto, als er kurz hinter der deutschen Grenze von der Polizei aufgehalten wurde. Schrecklich sei es gewesen sagt Marius und kreuzt die Hände immer wieder, als lägen sie noch in Handschellen. Sein Auto hätten sie beschlagnahmt und ihn selbst zweieinhalb Monate einkassiert, wegen Menschenschmuggels. Seit dem 6. November ist er wieder auf freiem Fuß. Bereits seit neun Stunden sitzt er nun im Auto, will nur noch nach Hause zu seiner Frau und dem kleinen Kind. Warum er überhaupt geschmuggelt hat, frage ich ihn. Good Money, gutes Geld, wieder zeigt er die vier und zwei Nullen mit der Hand.

Obwohl Marius gerade erst aus der Haft entlassen wurde, hat er angehalten, um mich mitzunehmen. Vielleicht brauchte er Gesellschaft, jemanden der ihn nach neun Stunden Fahrt noch die letzten zwei Stunden wachhält. Immer wieder fallen ihm fast die Augen zu. Immer wieder wiederholt er seine Geschichte aus Regensburg, als könne er sie durch das Erzählen ungeschehen machen. Erzählt, wie schlimm es ihm im Gefängnis ergangen sei. Genaueres zu erfahren ist schwierig, da uns die Sprachbarriere auf ein paar wenige Worte beschränkt. Auf der zweistündigen Fahrt ruft er viermal seine Frau an. Kurz vor der rumänischen Grenze will er meinen Pass noch einmal sehen. 400 Euro für ein Menschenleben in Sicherheit. 4000 für alle zehn, das war sein Preis. Es war Marius' erste Fahrt, auf der er erwischt wurde. Auch das Geld hätten ihm die Beamten direkt wieder abgenommen. Er schüttelt den Kopf darüber.

Ich denke an die rennenden Männer auf der Bundesstraße und frage mich, ob sie wohl irgendwo Unterschlupf gefunden haben heute Nacht. Wundere mich, welche Menschenrechte in dieser Welt gelten, wenn die Sicherheit eines Menschen von seinem Pass und den finanziellen Mitteln abhängt. Die Begegnung mit Marius, sie ist eine sonderbare und hinterlässt ein schales Gefühl der Verwunderung über die Gerechtigkeit dieser Zeit.

nterwegs.
umänien

Durchfahrt.
Rumänien

Kistenweise.
Cluj

Im Moszkva

Eigentlich ist das Moszkva gerade geschlossen. So wie viele der Bars und Clubs hier in Oradea und in ganz Rumänien. Vor zwei Wochen, am 30. Oktober, hat es in einem Nachtclub in Bukarest gebrannt. 27 Menschen sind dabei ums Leben gekommen. Seitdem gibt es Proteste gegen die aktuelle Regierung und verstärkt werden Bars und Clubs auf ihre Sicherheit überprüft. So wie das Moszkva, dass die aktuellen Feuersicherheitsbestimmungen nicht erfüllt und deshalb erst einmal schließen musste.

Bei dem tragischen Feuer in Rumäniens Hauptstadt ist auch eine von Beas Kommilitoninnen gestorben. Gemeinsam hatten sie in Oradea Architektur studiert, erzählt Bea, die für die nächsten zwei Tage meine Gastgeberin ist. Mit ihrer Labradorhündin Tara lebt sie alleine in einem kleinen Haus, zu Fuß sind es nur wenige Minuten zur Stadtmitte Oradeas, 180 Euro Miete zahlt sie für 55 Quadratmeter. In Oradea leben knapp 200 000 Menschen, „für mich fühlt sich Oradea an wie ein totes Ende", sagt Bea. Abwechslung im tristen toten Ende bietet das Moszkva. Hier trifft sich Oradeas alternative Szene, es treten Bands auf, Bea selbst organisiert dort wöchentlich einen Filmclub. Das Moszkva ist der einzige Ort der ihr ein wenig Hoffnung macht, sagt Bea.

Obwohl die Bar zur Zeit geschlossen ist, machen die beiden Besitzer für Freunde heute dennoch auf, zumindest das Büro. Das Moszkva liegt im Obergeschoss eines Jugendstilhauses. Der Barbereich ist dunkel und riecht nach abgestandenem kalten Zigarettenrauch, durch den Raum hindurch treten wir in das Büro der Barbesitzer. Ein kleiner Raum, wir rücken um einen langen Holztisch zusammen. Nach und nach finden immer mehr Freunde den

Weg in das Zimmer. Die Runde ist international: Einer der Besitzer der Bar kommt aus Ungarn, der andere ist Rumäne, seine Freundin ebenfalls Architektin, auch eine rumänische Schmuckdesignerin hat sich eingefunden, zwei italienische Männer, die in Osteuropa Antikmöbel aufkaufen und mit diesen in Italien handeln, Bea und ich aus Deutschland. Und eine alte Schreibmaschine, die auf dem Tisch gierig auf Hände wartet. Das T hängt, der Rest der Tasten funktioniert einwandfrei. Im Sprachengewirr zwischen rumänisch, englisch, italienisch und deutsch finden wir uns zusammen. Jeder am Tisch soll einen Satz aufschreiben, schlägt einer der beiden Italiener, um die 50, Hornbrille, vor. Kurzbeschreibung der Szenerie in die Tasten gehauen: Bier. Rauch in schwarz und blau. Deckenleuchte die alle paar Minuten an- und wieder ausgeht.

Bea beginnt mir ein wenig mehr von ihrem Leben zu erzählen. Sie ist in Oradea geboren, aufgewachsen, hat hier Architektur studiert. Sie arbeitet für eine deutsche Immobilienfirma. Über das Internet verfasst sie Objektbeschreibungen für Gebäude, auf englisch. Viel verdient sie nicht, für das Leben in Rumänien reicht es, große Träume kann sie sich damit aber nicht erfüllen. Eigentlich will sie nichts als weg von hier. Die Zukunft in Rumänien sei nicht besonders rosig. Sie hofft bald in eine andere Stadt, etwa nach Cluj, umziehen zu können. Zumindest endlich raus aus Oradea. Dort sei das Leben vielleicht nicht so trist, meint Bea.

Die beiden Italiener am Tisch haben unterdes Pizza bestellt und tischen auf. Rucola und gegrilltes Gemüse, Pilze, Schinken. Die Schreibmaschine wandert zu Bea, dann zur Schmuckdesignerin, die einen Hut mit riesigen Federn auf ihrem Kopf trägt. Die beiden Barbesitzer stellen Wein und Bier, die Deckenbeleuchtung erhellt und verdunkelt die Szenerie im Minutentakt skurril. Wie Freunde sitzen wir Fremde an diesem Tisch zusammen.

Als die Schreibmaschine zu mir wandert, tippe ich langsam „Gastfreundschaft" in die Tasten. Wann ich sie eigentlich in ihrem Sommerhaus in Italien besuchen komme, will einer der beiden Italiener von mir wissen.

Wir lachen viel an diesem Abend und sehen uns alle danach nie wieder. Was bleibt ist der Zettel, den ich um Mitternacht aus der Schreibmaschine ziehe. Auf rumänisch steht dort etwas, auf ungarisch, auf deutsch, auf italienisch. Ein wenig wirr, kaum zusammenhängend sind die Sätze, ein Durcheinander auf dem Papier, so wie die Begegnung selbst an diesem Abend.

Nachtrag

Die zweieinhalb Monate sind schnell vergangen. Die Zeit war zu kurz, um mehr als nur einen Einblick in osteuropäische Kultur zu bekommen. Ich möchte keine Schlussfolgerung ziehen aus den sehr subjektiven Eindrücken die ich gesammelt, sondern die Geschichten einfach genau so erzählen wie ich sie erlebt habe, um die Erfahrungen meiner Reise zu teilen.

Es ist Winter als ich mich von Cluj aus auf den Heimweg mache. Vorbei an Drakulas Schloss in Transsilvanien reise ich in die rumänische Hauptstadt Bukarest. Die Sonne hat sich in diesen Tagen kaum noch blicken lassen. Meine Reise durch Europas Osten endet hier. Für mich ist es Zeit wieder nach Hause zu fahren.

Nach Hause.
Oradea